AF232235

BIOGRAPHIE

DE

M. BOUCHER DE CRÈVECŒUR DE PERTHES.

Extrait des SAUVETEURS CÉLÈBRES

PAR

TURPIN DE SANSAY.

PARIS,

E. DENTU, ÉDITEUR,

Libraire de la Société des Gens de Lettres,

PALAIS-ROYAL, 17 ET 19, GALERIE D'ORLÉANS.

—

1868.

BIOGRAPHIE

DE

M. BOUCHER DE CRÈVECŒUR DE PERTHES.

Extrait des SAUVETEURS CÉLÈBRES

PAR

TURPIN DE SANSAY (1).

Le nom de *Sauveteur* ne doit pas être exclusivement réservé aux hommes de cœur qui se dévouent et exposent vaillamment leur vie pour conserver celle de leur prochain.

Ils sont dignes aussi de porter la belle devise : *Sauver ou périr,* ceux qui, par leurs travaux, leur protection bienveillante et incessante, concourent au progrès de l'œuvre philanthropique.

C'est pour ces motifs que nous revendiquons, comme nôtre, une de ces intelligences qui ont le plus contribué, par leurs actions, et surtout par leurs écrits, à nous faire atteindre le double but

---

(1) Paris, 1868. — E. Dentu, éditeur, Palais-Royal, galerie d'Orléans, nᵒˢ 17 et 19.

que nous nous sommes proposé : sauver la vie d'abord ; ensuite, procurer à l'homme le plus de bien-être possible, en concourant à son amélioration matérielle et morale.

Ainsi donc, Jacques Boucher de Crèvecœur de Perthes a fait, tant par ses œuvres que par ses actes, et pour la grande famille humaine, plus que *tels* ou *tels* que nous pourrions citer, et dont les noms ne figurent pas dans ce livre.

Rien d'étonnant, du reste, que Boucher de Perthes ait des sentiments élevés et de nobles instincts ; il est le rejeton d'une famille illustre, qui s'est battue pour la gloire et la conservation de la France, il est du sang de l'héroïque bergère de Domrémy, Jeanne d'Arc.

Du côté de son père, l'origine de Jacques Boucher de Crèvecœur de Perthes n'est pas moins illustre ; ses aïeux remontent aux Croisades, où de brillants faits d'armes ont signalé leur bravoure.

Aujourd'hui, que le règne de la guerre est terminé, dit-on, que la paix tend à devenir universelle, Boucher de Perthes cherche, dans des combats moins sanglants, à soutenir dignement la renommée de ses ancêtres.

Le but auquel il visait, il l'a glorieusement atteint, comme on le verra par l'énumération des nombreux ouvrages qu'il a publiés.

Jacques Boucher de Crèvecœur de Perthes est né dans les Ardennes, à Rhétel, le 10 septembre 1788 ;

son père, héritier d'une belle fortune, était fils unique ; sa mère était fille de Jean-Charles de Perthes, dernier descendant de Nicolas de Perthes et de Marguerite Roméc, laquelle Marguerite était fille de Jean Romée, oncle maternel de l'héroïne d'Orléans.

Tout jeune, Boucher de Perthes fut familiarisé avec les idées grandes et généreuses ; car il eut le rare bonheur de se trouver en contact avec le plus grand génie militaire du siècle, Napoléon Ier, dont son père, depuis membre associé de l'Institut, était particulièrement connu, et d'assister, comme témoin et comme acteur, à plusieurs de ces grandes scènes qui ont illustré nos armes et changé la face de l'Europe.

On peut dire que le grand homme ne contribua pas peu à faire, de Boucher de Perthes, le savant, l'écrivain et le philanthrope dont nous retraçons la vie ; il lui confia, souvent, des missions importantes en Italie, en Dalmatie, en Hongrie, en Autriche, et dans tous les Etats de l'Allemagne.

Dans le cours de ces voyages, où il soutint dignement le nom de ses pères et la renommée de la France, Boucher de Perthes fit de fortes études sur les pays qu'il parcourait, les hommes dont il approchait, et réunit un grand nombre de notes et d'observations qu'il développa plus tard dans des livres écrits au point de vue le plus utilitaire et le plus juste.

Il recueillit également de précieux documents sur les évènements historiques de son temps, auxquels, d'ailleurs, il prit, ainsi que nous venons de le dire, une certaine part, ce qui lui a permis d'écrire des livres d'un puissant intérêt.

Jeune encore, Boucher de Crèvecœur de Perthes rentra dans la vie privée, et ne s'occupa, dès-lors, exclusivement, que de travaux littéraires, scientifiques et de voyages.

Aucun homme, plus et mieux que lui, n'a parcouru l'Europe dans tous les sens; aucun n'a mieux apprécié les parties de l'Asie et de l'Afrique qu'il a visitées.

Ce fut de toutes ces expéditions, dans lesquelles son courage et son sang-froid vinrent souvent en aide à ses compagnons de voyage, qu'il rapporta cette somme énorme de connaissances qu'il ne cesse de répandre abondamment depuis plus de quarante ans.

C'est sa profonde connaissance des différentes races qui lui a fait concevoir, le premier, l'idée éminemment économique et humanitaire du libre-échange.

La réalisation du projet de Boucher de Perthes remonte à une époque peu éloignée, et pourtant le savant voyageur l'avait clairement exposé et développé, dès 1830, dans son livre intitulé : *Opinion de M. Cristophe sur les prohibitions et la liberté du commerce.*

Non content, par ses écrits, de favoriser le développement des idées philanthropiques, il concourut aussi au progrès social en encourageant et en proposant d'encourager, dans toutes les Sociétés (*Sociétés de bienfaisance, Sociétés littéraires* ou *scientifiques*, etc.) dont il faisait partie, les actions de courage, de vertu et de dévouement, par des récompenses. Joignant l'exemple au précepte, il a, de 1860 à 1866, par diverses donations, fondé dans chacune des villes d'Abbeville, Amiens, Boulogne, Dieppe, Reims, Rhétel, Rouen et l'arrondissement d'Abbeville, une prime annuelle et perpétuelle de cinq cents francs destinée à récompenser le travail et la conduite de l'ouvrière la plus méritante. En 1865, il y a ajouté, par une nouvelle donation à Abbeville, une école-ouvroir de couture et de dessin pour les jeunes filles.

Nous savons que, voulant continuer son œuvre moralisatrice, Boucher de Perthes va étendre à d'autres villes (1) de France ses fondations pour l'encouragement des ouvrières. Déjà il vient d'en réaliser une en faveur des enfants des hospices.

Partisan de la paix universelle, ce fut lui qui, le premier, imagina de réunir toutes les nations dans une exposition universelle, à Paris.

On a vu que cette idée, qu'il développa dans un

____

(1) Au nombre de ces villes, on cite Saint-Germain-en-Laye où est sa belle collection antéhistorique, Nancy, etc., etc.

discours prononcé en 1833, à la *Société d'Emulation d'Abbeville,* dont il était président, a, depuis, plusieurs fois été réalisée.

Cette proposition, imprimée dans les Mémoires de la Société en 1833, fut renouvelée trois fois par son auteur, en 1835, 1840 et en 1847.

De ses voyages, Boucher de Perthes a rapporté une collection, unique dans son genre, d'objets d'art et d'histoire naturelle provenant d'immenses recherches.

Sa riche galerie, qui occupe une grande partie de sa belle habitation d'Abbeville, est, du reste, gracieusement ouverte aux étrangers qui désirent la visiter.

Sa galerie antédiluvienne, magnifique collection de pierres taillées, haches, couteaux, outils, armes, symboles, etc., œuvres de l'homme des premiers jours, et qui ont fait, pendant trente ans, l'étonnement des géologues sans pourtant les convaincre, a aujourd'hui révolutionné la science qui, naguère encore, niait l'existence possible de telles œuvres dans les terrains tertiaires et quaternaires dont la formation, selon l'opinion reçue, était antérieure à notre apparition sur la terre, cette collection, dis-je, donnée par lui à la France, est maintenant au musée antéhistorique de Saint-Germain, qui a été fondé pour elle, et qui doit prendre le nom de celui qui nous a révélé un nouveau monde.

Complet sous tous les rapports, Boucher de Perthes a dessiné ou dirigé lui-même les dessins de plus de deux mille de ces instruments, et illustré ainsi son livre des *Antiquités celtiques et antédiluviennes,* annoncé en 1836 à la Société d'Emulation d'Abbeville.

C'est dans cet ouvrage, dont les premières feuilles imprimées ont été présentées à l'Institut en 1842 et 1843, et qui a paru en 1846 sous le titre : *De l'Industrie primitive ou des Arts à leur origine,* que Boucher de Perthes prouve que l'homme était infiniment plus ancien qu'on ne l'avait cru, et que s'il était en effet postérieur aux animaux, il avait dû suivre de près leur apparition sur la terre.

Cette opinion, après avoir été longtemps combattue, a fini par triompher, et c'est à Boucher de Perthes que reste définitivement l'honneur d'avoir créé une science nouvelle, *l'Archéogéologie,* science qu'il avait en quelque sorte devinée, car, bien avant d'avoir découvert les traces de l'homme dans le diluvium, il avait démontré théoriquement, dans divers rapports à la Société d'Emulation d'Abbeville, qu'il devait s'y trouver. (Voir les *Mémoires* de cette Société, le premier volume des *Antiquités antédiluviennes,* etc., etc.)

Que d'hommes, dans la position de Boucher de Perthes, eussent préféré vivre grassement, dans le repos, inutile et oisif! Mais il a prouvé qu'on peut porter un beau nom sans en être moins laborieux.

Oui, on peut affirmer que l'existence entière de Boucher de Perthes a été consacrée au travail ; car, lorsque l'on considère la liste des ouvrages qu'il a publiés, on se demande quels moments de loisir il a pu jamais prendre.

Science, Economie politique, Beaux-Arts, Littérature pure, Théâtre, il a tout abordé, tout traité.

Partout, il a manifesté les idées généreuses dont il était rempli, et les a semées dans les nombreux pays qu'il a parcourus.

Comme tous les esprits vraiment supérieurs, il est bon, affable et toujours disposé à rendre service.

Ses manières sont celles d'un gentilhomme auquel le travail et les voyages ont appris à ne se croire au-dessus de personne : aussi est-il aimé et estimé de tous.

Aujourd'hui, l'un des vétérans de la Légion d'honneur dont il est Officier (1), il est Commandeur de l'ordre de Mecklembourg-Schwerin, Chevalier de l'ordre de Malte, Médaillé de Ste-Hélène, etc., etc.

Officier de l'instruction publique, il appartient à un grand nombre de Sociétés savantes de France et de l'étranger. Nous citerons, entr'autres :

La Société d'Emulation d'Abbeville dont il est

(1) Sa nomination remonte à la fin du premier Empire, mais elle ne fut confirmée qu'en 1850. Deux fois il avait refusé le grade d'officier ; il en explique les motifs dans son ouvrage intitulé : *Sous dix Rois Souvenirs de 1791 à 1868.*

président ; — les Sociétés Géologiques de France, d'Angleterre, d'Autriche, etc. ; — les Sociétés Anthropologiques de Paris, de Londres, de Moscou ; — la Société des Antiquaires du Nord (Copenhague) ; — les Sociétés d'Archéologie, de Numismatique, d'Ethnologie et d'Acclimatation d'Angleterre, ainsi que celles de Belgique ; — les Sociétés de Philosophie de Philadelphie (Amérique), des Antiquaires de Zurich, des Georgofili de Florence ; — les Académies d'Amiens, de Caen, de Rouen, de Nantes, de Reims, de Bordeaux, de Toulouse ; — La Société Linnéenne de Lyon, celle de Statistique de Marseille, etc., etc.

Sans nous appesantir davantage sur le mérite de Boucher de Crèvecœur de Perthes et faire un éloge insuffisant d'un homme qui appartient, à la fois, à la Littérature, à la Science et à la Philanthropie, nous nous bornerons à renvoyer le lecteur aux différents ouvrages qu'il a écrits.

On pourra ainsi apprécier : et le caractère humain et généreux, et la hauteur d'idées de celui qu'on devrait, à juste titre, appeler un homme universel.

Œuvres complètes de M. Boucher de Perthes.

Nouvelles, 1 vol. in-12, 1832. — Romances, Légendes et Ballades, 1 vol. in-12, 1830. — Chants armoricains ou Souvenirs de Basse-Bretagne, 1 vol. in-12, 1831. — Opinion de M. Cristophe, 1re partie : Sur la liberté du commerce, 1830. — Opinion de M. Cristophe, 2ᵉ partie, suivie de son Voyage commercial et philosophique, 1831. — Opinion de M. Cristophe, 3ᵉ partie : M. Cristophe à la préfecture, 1833. — Opinion de M. Cristophe, 4ᵒ et dernière partie : Le dernier jour d'un homme, 1834. (Ces quatre parties forment ensemble 1 fort vol. in-12). — Satires, Contes et Chansonnettes, 1 vol. in-12, 1833. — Petit Glossaire, esquisses de mœurs administratives, 2 vol. in-12. 1835. — De la Création, essai sur l'origine et la progression des êtres, 5 vol. in-12, 1838. — Petites solutions de grands mots, 1 vol. in-12, 1848. — Antiquités celtiques et antédiluviennes, tome 1ᵉʳ, avec 80 planches et 1600 figures, 1 fort vol. in-8ᵒ, 1846. — Hommes et Choses, 4 vol. in-12, 1850. — Sujets dramatiques, 2 vol. in-12, 1852. — Emma, ou quelques lettres de femme, 1 vol. in-12, 1852. — Voyage à Constantinople, 2 vol. in-12, 1855. — Voyage en Danemark, en Suède, etc., 1 vol. in-12, 1858. — Voyage en Espagne et en Algérie, 1 vol. in-12, 1858. — Voyage en Russie, en Lithuanie, en Pologne, 1 vol. in-12, 1859. — De l'Homme antédiluvien, brochure in-8ᵒ, 102 pages, avec figures, 1860. — Les Masques, biographie sans nom, 2 vol. in-12, 1861. — Antiquités celtiques et antédiluviennes, tome 2, avec 20 planches et 500 fig., 1 fort vol. in-8ᵒ, 1857. — Les Maussades, complaintes, 1 vol. in-12, 186 . — Sous dix Rois,

Souvenirs de 1791 à 1868, 8 vol. in-12. — De la
Mâchoire humaine de Moulin-Quignon. Nouvelles
découvertes en 1863 et 1864, 1 vol. in-8°, 1864. —
Antiquités celtiques et antédiluviennes, tome 3, avec
12 planches et 104 fig., 1 fort vol. in-8°, 1864.—
Des outils de pierre, brochure in-8°, avec planches,
1865.—Rien ne naît, rien ne meurt, br. in-12.—
Réponse aux géologues et antiquaires, 1859.—
Voyage à Aix-Savoie, Turin, Milan, retour par la
Suisse, 1 vol. in-12, 1867.—Voyage en Angleterre,
Ecosse et Irlande, 1 vol. in-12, 1868. — De la Va-
peur; du Combustible et de sa disette prochaine,
br., 1868.—Misère, Emeute, br., 1849.— Nègre et
Blanc, br., 1861.—De la Génération spontanée, br.,
1861.—De la Suprématie de l'Angleterre, br., 1862;
etc., etc.

DISCOURS.

Aux Ouvriers, 1833. — De la Probité, 1834. —
Du Courage civil, 1835. — De la Misère, 1838.
— De l'Education du pauvre, 1841. — Du Pa-
tronage, 1846. — De l'Obéissance à la loi, 1850. —
Du Vrai dans les mœurs et les caractères, 1856. —
De la Femme dans l'état social, 1859. — Des Idées
innées, de la Mémoire et de l'Instinct, 1867.

TRAGÉDIES IMPRIMÉES.

Persée de Macédoine, tragédie en 5 actes, reçue
à l'Odéon. — Frédégonde, tragédie en 5 actes. —
Saül, tragédie en 5 actes. — Constantin, tragédie
en 5 actes.

COMÉDIES.

Le Grand Homme chez lui, comédie en 5 actes et en vers, reçue à l'Odéon. — La Marquise de Montalle, en 5 actes et en prose. — La Comtesse d'Aufremont, en 5 actes et en prose; etc.

Nous n'avions pas donné à Boucher de Perthes le titre de *Sauveteur*, mais dans une ancienne biographie et dans ses souvenirs intitulés : *Sous dix Rois,* nous voyons, quoiqu'il en parle très-superficiellement, que ce titre lui était bien dû, et qu'il a sauvé, au risque de sa vie, plusieurs personnes, notamment en 1812, au camp de Boulogne, l'une des illustrations du premier Empire, le brave général Marion qui, se baignant, fut arraché par lui à une mort imminente, car la mer, qui descendait, l'entraînait au large. Saisi lui-même par la houle, Boucher de Perthes, quoique bon nageur, manqua périr, et ce ne fut qu'après des efforts inouïs qu'il put, aux acclamations de la foule que cette scène émouvante avait attirée, ramener au rivage le vieux guerrier demi-asphyxié.

Nous lisons aussi dans le même ouvrage : qu'inspecteur divisionnaire des douanes et des côtes en Bretagne, et y commandant une ligne d'embarcations armées. il avait, marin lui même, bravé maintes fois la tempête et contribué à sauver des naufragés et des navires en perdition ; et quand il demanda la médaille de sauvetage, certainement bien méritée, jamais ce ne fut pour lui, mais pour les hommes qu'il commandait.

Plus tard , directeur et chef d'administration sur les côtes de la Manche, il y eut de nombreuses occasions de rendre les mêmes services à l'humanité.

La postérité conservera de Boucher de Perthes un grandiose souvenir.

Mais l'humanité l'aimera grandement aussi, car il a fondé de nombreuses institutions de charité, et, toujours à l'œuvre pour récompenser le bien, il le cherche, le poursuit, et conclut que l'appréciation d'un acte de vertu est la meilleure semence pour la propagation même de la vertu.

J'ai lu dernièrement dans un journal :

« L'administration municipale de Rouen décernera, cette année, deux Primes de 500 francs à chacune des deux ouvrières qui les auront le mieux méritées par leur conduite et leur travail. Quatre Médailles d'encouragement seront également décernées à ce Concours du travail et de la bonne conduite. Ces *Prix de vertu* sont institués par un titre de fondation, créé par M. Boucher de Crèvecœur de Perthes, le savant archéologue, qui est, depuis nombre d'années, président de la *Société d'Emulation d'Abbeville.* »

Nous ne pouvons mieux terminer cette notice qu'en citant textuellement les règlements des concours dont nous venons de parler.

RÈGLEMENT DES CONCOURS

FONDÉS PAR

M. BOUCHER DE CRÈVECŒUR DE PERTHES

POUR L'ENCOURAGEMENT AU TRAVAIL

ET LA MORALISATION DES OUVRIÈRES.

PROGRAMMES DU CONCOURS

Pour la distribution de Primes et de Médailles aux Ouvrières.

ARTICLE PREMIER.

Tous les ans et, autant que possible, le dimanche qui précèdera le jour anniversaire de la donation de M. Jacques Boucher de Crèvecœur de Perthes, il sera décerné, par les soins de l'administration municipale, avec les revenus et intérêts de la donation ci-dessus, une prime de cinq cents francs à l'ouvrière de la ville ou des faubourgs qui l'aura le mieux méritée par sa conduite et son travail.

ARTICLE DEUXIÈME.

Une médaille de bronze sur laquelle seront gravés avec les armoiries de la ville, le nom du donateur et celui de l'ouvrière récompensée, sera remise à cette dernière, ainsi qu'un diplôme avec la prime.

ARTICLE TROISIÈME.

Cette prime consistera en un livret de la caisse d'épargne de la dite somme de cinq cents francs qui ne pourra être remboursée sans l'autorisation du maire que six ans après son obtention, ni cédée à des tiers.

ARTICLE QUATRIÈME.

Une commission municipale présidée par le maire à laquelle s'adjoindront deux membres de la Société d'Emulation ou autre, avec droit de vote, désignera chaque année l'ouvrière qui aura mérité la prime.

ARTICLE CINQUIÈME.

A mérites égaux entre deux ouvrières, la prime sera partagée, et il sera en conséquence accordé deux livrets et deux médailles. Si aucune ouvrière ne présentait un mérite suffisant pour obtenir la prime, le concours serait renvoyé à l'année suivante, et la prime serait doublée sans pouvoir jamais dépasser mille francs ; l'excédant de ces mille francs viendrait augmenter le capital de la donation.

ARTICLE SIXIÈME.

A chaque concours, il pourra être décerné deux médailles d'encouragement. Quatre de ces médailles obtenues durant quatre années consécutives, donneront droit à un livret de deux cent cinquante francs pour l'année suivante. Ces deux cent cinquante francs diminueront d'autant la prime de cette même année.

Le nombre de deux médailles d'encouragement ne pourra être dépassé que dans des circonstances exceptionnelles et impérieuses que la commission municipale appréciera souverainement.

ARTICLE SEPTIÈME.

La Commission adoptera les moyens qui lui paraîtront les plus propres à assurer le succès de la fondation par le choix réfléchi des candidates.

ARTICLE HUITIÈME.

Il suffira pour être admise à concourir d'être ouvrière dans la ville ou les faubourgs, d'avoir quinze ans au moins et quarante ans au plus, sans égard à la nationalité et sans distinction entre les occupations industrielles, agricoles, horticoles, ni entre l'ouvrière travaillant pour maitre, soit chez lui, soit chez elle, soit chez ses parents.

ARTICLE NEUVIÈME.

Toute ouvrière qui aura reçu la prime ne sera plus admise à concourir durant les quatre années suivantes que pour la médaille. Après l'expiration de ces quatre années, elle sera admise à concourir de nouveau pour la prime.

ARTICLE DIXIÈME.

La ville décernera régulièrement la prime de cinq cents francs au moins (1), sous la réserve expliquée à l'article six ci-dessus, de manière à ce que l'intention du donateur puisse être accomplie à perpétuité.

---

(1) Les capitaux de ces donations et de la suivante ont été placés en Obligations de chemins de fer garantis par le gouvernement, de façon que par les remboursements la prime de 500 francs s'élèvera à 750 francs.

RÉGLEMENT

L'ÉCOLE-OUVROIR DE DESSIN ET DE COUTURE

Fondée à Abbeville le 13 février 1865

PAR M. J. BOUCHER DE CRÈVECOEUR DE PERTHES.

Moyens d'exécution.

Emploi des Revenus de la donation. — Intention du donateur.

ARTICLE PREMIER.

L'école-ouvroir de dessin et de couture d'Abbeville sera administrée par un comité de surveillance ou direction supérieure.

ARTICLE DEUX.

Le comité sera ainsi composé :

1º Du maire d'Abbeville ; 2º du curé de la paroisse Saint Gilles ; 3º de deux membres du Conseil municipal ; 4º d'un membre du Conseil de fabrique.

Le comité pourra s'adjoindre deux autres personnes s'il le juge utile.

ARTICLE TROIS.

Une sœur de la Providence ou, à défaut, de tout autre ordre, habile aux travaux de l'aiguille et sachant bien dessiner, sera attachée à l'école pour y donner des leçons de dessin et de couture, et diriger les élèves sous la surveillance du comité ci-dessus désigné; dans la couture sont compris la coupe des vêtements de toute sorte, la broderie et tous les travaux de l'aiguille.

ARTICLE QUATRE.

Le traitement de la sœur maîtresse de dessin et de couture sera de cinq cents francs par an. En cas d'un mérite hors ligne ou en considération des bons services de cette sœur, si le comité croyait devoir augmenter son traitement, cette augmentation serait aux frais de la ville.

ARTICLE CINQ.

La ville prendra également à sa charge le prix des leçons données par le maître de dessin, ce à quoi M. le maire s'oblige; leçons qui ne pourront être moins que trois par semaine.

ARTICLE SIX.

Les talents acquis à l'école devant contribuer efficacement à sa prospérité, si, parmi les élèves, il s'en trouvait annonçant de grandes dispositions pour la haute peinture, cette vocation ne devra pas être négligée. Néanmoins comme, pour la majorité, il s'agit ici moins de faire des artistes que des ouvrières habiles, on joindra, pour toutes les élèves, au dessin et à la peinture proprement dite, le dessin linéaire et toute autre branche de dessin également applicable aux arts usuels, à l'industrie et à l'ornementation.

ARTICLE SEPT.

Chaque année, une exposition publique des ouvrages

des élèves sera faite à l'école ou dans tout autre local désigné par le comité, et les objets vendus le seront au profit des dites élèves ou de l'établissement.

ARTICLE HUIT.

Des élèves étrangères à l'établissement pourront, sans distinction de nationalité, être admises aux leçons de dessin et de couture, soit en payant une rétribution, soit gratuitement, selon qu'il sera décidé par le comité.

ARTICLE NEUF.

Après le prélèvement des cinq cents francs pour le traitement annuel de la sœur maîtresse de dessin et de couture, l'excédant du revenu ou de l'intérêt du capital de la donation sera employé, chaque année, en un ou plusieurs livrets de la caisse d'épargne portant la somme qui sera déterminée par le comité; lesquels livrets seront donnés aux élèves les plus méritantes.

Si aucune élève n'avait mérité de récompense, la distribution de ces livrets, augmentée de l'économie faite, serait remise à l'année suivante.

ARTICLE DIX.

Le comité d'administration, après avoir entendu la sœur directrice de l'école et le maître de dessin, désignera, à la majorité des voix, les élèves qui auront mérité les livrets.

ARTICLE ONZE.

Un livret ne pourra être remboursé que six ans après son obtention, ni cédé à des tiers, à moins que le comité n'en décide autrement. Un diplôme sera joint à chaque livret.

ARTICLE DOUZE.

L'élève à qui aura été accordé le livret et qui ne voudrait pas en profiter, aura le droit d'en faire don à une autre élève méritante en conservant le diplôme.

ARTICLE TREIZE

Des diplômes pourront être délivrés aux élèves qui, bien que méritantes, n'auraient pu avoir de livret.

ARTICLE QUATORZE.

Les diplômes seront signés par les membres du comité.

ARTICLE QUINZE.

Les noms et adresses des élèves qui auront obtenu des livrets ou des diplômes seront inscrits sur un registre ouvert à cet effet, et qui restera déposé dans les archives de l'école; leur âge et la date de leur entrée et sortie de l'établissement y seront également indiqués, ainsi que les motifs qui leur auront valu ces récompenses. Des extraits de ce registre pourront, sur la décision du comité, être délivrés aux élèves ou à leur famille.

Ces renseignements ont pour but de faciliter le placement des élèves et de les aider à trouver du travail, lorsqu'elles auront acquis les capacités nécessaires.

Conditions.

La présente donation dont le capital a été versé chez le receveur municipal de la ville d'Abbeville, est faite à la charge par la dite ville que le maire y oblige :

1° De fournir à ses frais, meubler et entretenir en bon état, un local convenable et suffisant pour l'établissement d'une école divisée en deux classes : dessin et couture :

2° De solder le maître de dessin chargé de donner, concurremment avec la sœur, des leçons aux élèves;

3° D'acquitter le coût des actes et droits de donation ;

4° De payer annuellement, sur les intérêts du capital de la donation, un traitement de cinq cents francs à une sœur qui sera chargée de l'enseignement du dessin et de la couture. En cas de chômage de l'école, de vacance d'emploi ou de suspension du traitement de la sœur, la somme économisée sera, avec les intérêts, ajoutée au capital de la donation ;

5° D'employer en livrets de la caisse d'épargne, qui seront donnés chaque année aux élèves de dessin et de couture les plus méritantes, l'excédant de l'intérêt devant augmenter au fur et à mesure de l'accroissement du capital.

Abbeville, imp. P. Brier.

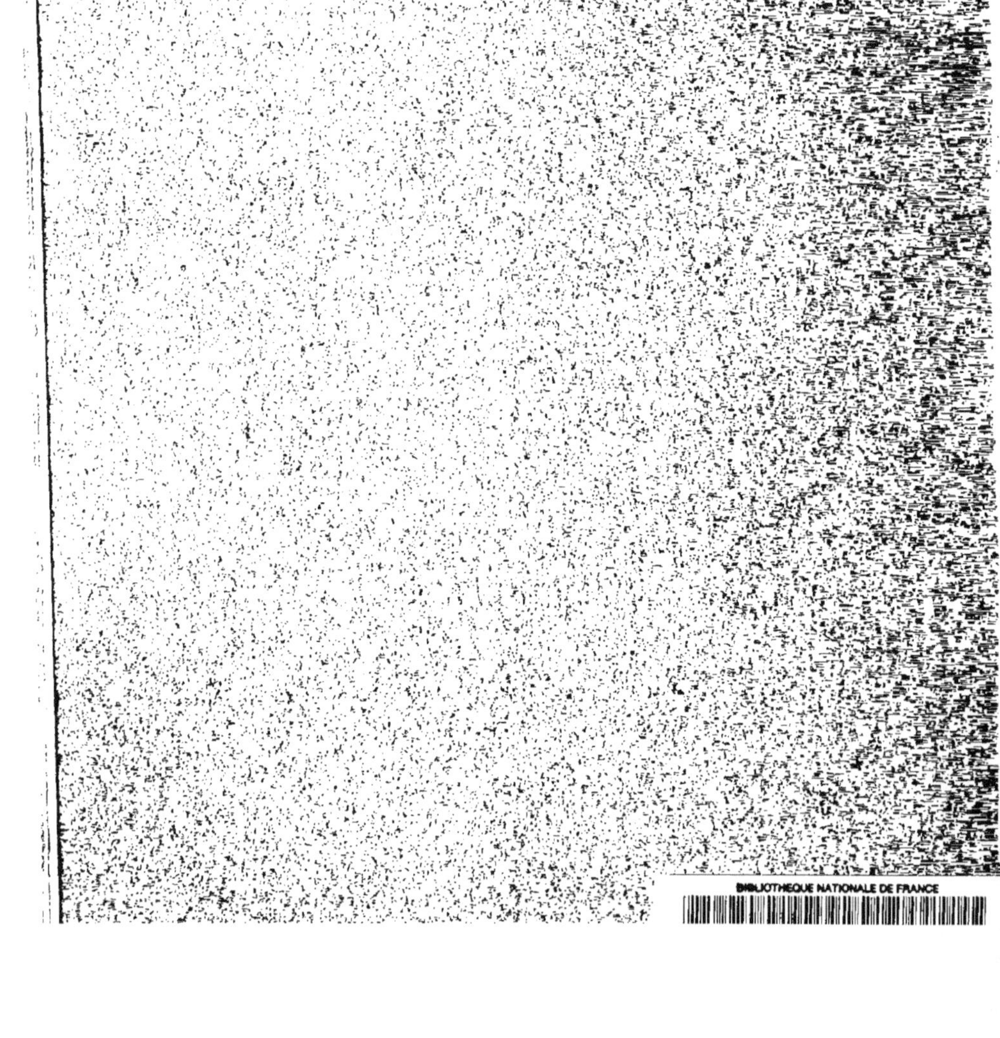